D0569096

Hannover

Hanover

Hanovre

Fotos von Karl Johaentges

Die Deutsche Bibliothek – CIP-Einheitsaufnahme
HANNOVER / Karl Johaentges
Deutsch / Englisch / Französisch
Hannover: KaJo-Verlag, 1995
ISBN 3-925544-23-2
Alle Rechte der Vervielfältigung und Verbreitung
liegen bei: © KaJo-Verlag, Hannover
Fotografie + Text: Karl Johaentges
Gestaltung: Karl Johaentges
Übersetzung ins Englische: Jackie Blackwood
Übersetzung in Französische: Isabelle Cappeliez
Satz: types. Fotosatz GmbH, Hannover
Druck: Druckhaus Quensen, Lamspringe

Stadtkarte Hannover 1:20 000 (Verkleinerung).
Vervielfältigung mit Genehmigung der
Landeshauptstadt Hannover – Stadtvermessungsamt –
vom 8.3.95.

**Die Fotografien dieses Hannover-Bandes sind im Handel
auch als KaJo-Ansichtskarten erhältlich.**

**The photographs in this book are also available as
KaJo-postcards in local stationery and bookshops.**

**Les photographies de ce livre sont egalement disponibles
sous forme de cartes postales des Editions KaJo.**

1. Juni bis 31. Oktober 2000

 Das **Neue Rathaus** am Trammplatz ist Wahrzeichen Hannovers. Der 1901–1913 pompös im wilhelminischen Stil erbaute Palast des Hannoverschen Rates ruht auf einem Fundament von über 6000 Eichenstämmen, die seinerzeit in den sumpfigen Boden der Maschwiesen gerammt wurden.

 The **New Town Hall** on Trammplatz is a symbol of Hanover. Built between 1901–1913 in pompous Wilhelminian style, the palatial council chambers rest on a foundation supported by more than 6000 oak trunks rammed into marshy ground near the Maschsee.

 Situé sur la Trammplatz, le **nouvel Hôtel de ville** est l'emblème de Hanovre. Le Palais du Conseil hanovrien, construit entre 1901 et 1913 dans le style somptueux de l'époque wilhelmienne, repose sur 6000 pieux de chêne plantés dans le sol marécageux de la plaine du Masch.

Willkommen in Hannover

Die Landeshauptstadt von Niedersachsen liegt an der Nahtstelle zwischen norddeutscher Tiefebene und niedersächsischem Mittelgebirge. Die ersten Spuren menschlicher Besiedlung in der Region Hannover reichen bis 200 000 vor unserer Zeitrechnung zurück. Um Christi Geburt siedelten hier die Cherusker, seit dem 4. Jahrhundert die Sachsen, die um 800 von Karl dem Großen unterworfen und zum Christentum „bekehrt" wurden.

Schon damals entwickelte sich der Marktflecken *Hannovere* (am „hohen Ufer" der Leine) zu dem, was die Stadt heute auszeichnet: ein Kreuzungspunkt wichtiger Fernhandelswege. Nach Erhalt der Stadtrechte im Jahr 1241 erlebte Hannover eine Blütezeit. Nachdem Hannover 1636 Hauptstadt des Fürstentums der Welfen wurde, profilierte sie sich unter Kurfürstin Sophie zu einem Zentrum barocken Hoflebens. In dieser Zeit entstand auch der Große Garten in Herrenhausen. Als nach dem Tod der Kurfürstin ihr Sohn Georg Ludwig König von England wurde und als Georg I. seine Residenz nach London verlegte, geriet der hannoversche Garten in Vergessenheit. Die streng geometrische Anlage wurde aus diesem Grund nicht – wie üblich – immer wieder den Moden der Zeit angepaßt und ist deshalb heute der einzige als Ganzes erhaltene Barockgarten Europas und seit 1720 auch für Bürgerliche zugänglich. 1837 endete die Personalunion zwischen England und Hannover. Der Herzog von Cumberland bestieg als König Ernst August den Thron. Mit der Annexion von Hannover durch Preußen endete 1866 die kurze Phase als königliche Residenzstadt.

Während des Zweiten Weltkrieges wurde Hannovers Innenstadt mit dem historischen Stadtkern zu 90 % zerstört. (Siehe die Stadtmodelle im Foyer des Neuen Rathauses). Nur wenige der historischen Bauten konnten nach dem Weltkrieg, als Hannover Landeshauptstadt des neuen Bundeslandes Niedersachsen wurde, wiederaufgebaut werden.

Das Reiterdenkmal König Ernst August (heute unfehlbarer Treffpunkt „Unterm Schwanz" – S. 8/9) kehrt dem Bahnhof noch heute den Rücken. 1843 wurde gegen den Widerstand des konservativen Landesvaters die Eisenbahnstrecke Lehrte–Hannover eröffnet. Im Eisenbahnzeitalter entwickelte sich Hannover schnell zu einer der führenden Industriestädte Deutschlands und wichtigstem Verkehrsknoten in Norddeutschland – auf dem Wasser, auf der Schiene und der Straße. Nach dem Fall der Mauer und mit der Öffnung nach Osten rückte Hannover nicht nur aus der Randlage in den Mittelpunkt des vereinten Deutschlands, Hannover ist auch zu einem wichtigen Drehkreuz Europas geworden.

Die Halbmillionenstadt an der Leine zeigt sich zwar nicht so weltstädtisch wie Paris, London oder Hamburg, doch die Hannoveraner schätzen besonders die übersichtliche Mischung aus vielgeschmähter provinzieller Beschaulichkeit und Urbanität sowie dem Kulturangebot einer weltoffenen Messestadt. Hannover bietet Lebensqualität. Das Stadtbahnnetz ist vorbildlich, die Entfernungen in dieser fahrradfreundlichen Großstadt sind relativ kurz – und die Mieten liegen weit unter denen von Hamburg und München. Was wollen wir mehr? Ein halbes Dutzend Theater, einige wirklich namhafte Museen, zahlreiche Konzerte, vier Hochschulen, eine ausgeprägte Kinokultur, ein internationaler Flughafen, Pferderennbahn und Zoo, ein beliebter Flohmarkt am Leineufer, Straßenkunst, ein wenig Altstadt und das größte Schützenfest der Welt. Hannover hat für jeden etwas zu bieten.

Hannover ist eine Stadt im Grünen. 50 % des Stadtgebiets sind Natur- und Freiflächen. Als lange grüne Zungen reichen der Eilenriedepark, der Maschsee mit den Leineauen und die Herrenhäuser Gärten bis ins Stadtzentrum. In keiner deutschen Großstadt finden sich Natur- und Stadtlandschaft so dicht nebeneinander. Über 20 000 Kleingärten – auch das setzt Maßstäbe in unserer automobilgestörten Welt – zählt die Stadtverwaltung stolz. Das ist urbane Lebensqualität und macht die Stadt an der Leine bei seinen Bewohner so beliebt. Die „Stadt als Garten" soll während der Weltausstellung im Jahre 2000 thematisiert werden.

1947 wurde hier die erste deutsche Exportmesse durchgeführt, und heute ist Hannover als Messestandort weltweit führend, beherbergt mit der Computermesse CeBIT und der INDUSTRIE-Messe die größten Wirtschaftsmessen der Welt. 1990 wurde die erfahrene Messestadt als Austragungsort für die Weltausstellung EXPO 2000 gewählt. Das 3. Jahrtausend beginnt in Hannover. Eine Weltausstellung neuen Typs unter dem Thema „Mensch–Natur–Technik" soll für das nächste Jahrtausend Signale senden. Wird es gelingen, neue Impulse für die Bewältigung dringender globaler Probleme zu geben? Eine Herausforderung nicht nur für die Hannoveraner!

Welcome to Hanover

The capital of Lower Saxony is situated at the junction of the Northern German lowlands and the central German hill country. The first traces of human settlement in the Hanover region go back 200,000 BC. The Cherusker settled here around the time Christ was born and were followed, in the 4th century by the Saxons, who were then conquered by Charles the Great in AD 800 and converted to Christianity.

Even then the small village of *Hannovere*, (on the "high bank" of the river Leine) was developing into what distinguishes the city today; an intersection for important trade routes. Hanover began to flourish after receiving city rights in 1241. In 1636 Hanover became the capital of the Principality of the Guelphs and it made its mark under Electoress Sophie as a centre for Baroque court society. The Great Garden of Herrenhausen was also built about this time. Following the death of Sophie, her son George Ludwig became King of England and subsequently moved his residence to London. The Hanoverian Garden was soon forgotten. For this reason the strict geometric layout was not, as was often the case, continually modernized to suit the fashion of the times, and it is therefore the only complete original Baroque garden in Europe. It has been open to the public since 1720.

1837 saw the end of the personal union between Hanover and England. The Duke of Cumberland succeeded to the English throne as King Ernst August. The annexation of Hanover by Prussia in 1866 ended the city's short phase as royal residence. During the Second World War Hanover, along with its historical centre, were 90% destroyed (see the city model in the entrance hall of the New Town Hall). After the war, when Hanover became capital of the new federal state of Lower Saxony, it was only possible to rebuild a few of the historical buildings. The equestrian statue of King Ernst August (today a favourite meeting point "under the tail". See p. 8/9) still stands with its back turned to the railway station. The railway line Hanover – Lehrte was opened in 1843 against the will of the conservative monarch. In the age of steam Hanover developed rapidly into one of Germany's leading industrial cities and became a vital intersection in Northern Germany – on water, rail and road. After the fall of the wall and the opening up of Eastern Europe, Hanover shifted not only from the edge to the centre of a reunited Germany, but it has also become an important turnstile in Europe.

The city of a half a million is not as cosmopolitan as Paris, London or Hamburg but the Hanoverians particularly value the open blend of often-scorned provincial contemplativeness and urbanity as well the variety of culture offered by a city renowned for its trade fairs.

Hanover offers quality of life. The urban rail network is exemplary, distances in this bicycle-friendly city are relatively short, and the rents for housing are much lower than in Hamburg and Munich. What more could one want? Half a dozen theatres, some quite renowned museums, numerous concert venues, four universities, an exceptional cinema culture, an international airport, a race-track and a zoo, a popular flea market on the banks of the river Leine, street art, a small historical old town and the largest Marksmen's Festival in the world. Hanover has something for everyone.

Hanover is a garden city. 50% of the city region consists of open green areas. Like long green tongues the Eilenriede Park, Maschsee Park and Herrenhäuser Gardens reach into the centre of the city. There is no other large German city with so many green areas as Hanover. More than 20,000 garden plots, and that's quite something for our car crazy world, are the pride of the town council. This provides an urban quality of life, and makes the city on the river Leine so popular with its inhabitants. The "City as Garden" is to be one of the central themes of the world fair "Expo 2000".

In 1947 Hanover hosted the first German Export Fair and today it is one of the world's leading exhibition centres. The city hosts the world's largest commercial and industrial fairs; the communications fair CeBIT and the INDUSTRIE Fair. In 1990, the experienced Messe city was selected as the organizer for the world fair EXPO 2000. The 21st century will begin in Hanover. Under the theme of "Man–Nature–Technology" a new type of world fair will send strong messages to hopefully solve some urgent global problems. A challenge and opportunity not only for the Hanoverians!

Bienvenu à Hanovre

La capitale du Land de Basse-Saxe se situe exactement entre la plaine du nord et les montagnes moyennes du centre de l'Allemagne. Les premières traces de vie humaine dans la région de Hanovre remontent à 200000 avant J. C. Vers l'an 0, les Chérusques s'y installèrent. Au 4ème siècle, ils furent suivis par les Saxons que Charlemagne vaincu et christianisa en l'an 800.

A cette époque déjà, le bourg de *Hanovere* (sur la rive haute de la Leine), devint ce qui caractérise la ville aujourd'hui: un point de croisement stratégique des principales routes de commerce. Hanovre connut une période très prospère après l'obtention des droits de la ville en 1241. En 1636, Hanovre devint capitale du Dûché des Guelfes, un haut lieu baroque de la vie à la cour sous l'Electrice Sophie. Le Grand Jardin de Herrenhausen fut aménagé à cette époque. Après le décès de l'Electrice, son fils, Georg Ludwig, devint roi d'Angleterre, prit le nom de Georg I et changea de résidence pour habiter à Londres. Les jardins de Hanovre tombèrent alors dans l'oubli. C'est la raison pour laquelle la géométrie stricte de ce jardin n'a pas été constamment modifiée pour suivre la mode. De ce fait, il est le seul jardin d'Europe entièrement baroque et accessible à tous les citoyens depuis 1720.

En 1837, l'union entre l'Angleterre et Hanovre prend fin. Le duc de Cumberland monte sur le trône et devient roi Ernst August. En 1866, l'annexion de Hanovre par la Prusse met fin à la courte période durant laquelle la ville servit de résidence royale. Pendant la seconde guerre mondiale, le centre-ville historique de Hanovre fut détruit à 90% (voir les maquettes de la ville dans le hall de l'Hôtel de ville). Après la guerre, lorsque Hanovre devint capitale du nouveau Land de Basse-Saxe, seuls quelques bâtiments historiques ont pu être reconstruits. Aujourd'hui encore, la statue commémorative du roi Ernst August (point de rencontre très connu, cf. p. 8/9) tourne le dos à la gare. En 1843, la ligne de chemin de fer Lehrte-Hanovre fut inaugurée contre le gré du souverain conservateur. A l'époque du rail, Hanovre se développpa rapidement en une des villes industrielles les plus importantes du nord de l'Allemagne et en un point stratégique pour les transports maritimes, ferroviaires et routiers. Après la chute du Mur de Berlin et l'ouverture vers l'Est, Hanovre a non seulement quitté sa situation marginale pour devenir le centre de l'Allemagne réunifiée mais elle est également devenue l'une des principales plaques tournantes d'Europe. La ville sur les rives de la Leine, qui compte plus d'un demi-million d'habitants, n'est pas aussi cosmopolite que Paris, Londres ou Hambourg mais les Hanovriens apprécient tout particulièrement ce mélange de vie provinciale paisible et de vie citadine ainsi que les offres culturelles d'une métropole renommée pour ses salons.

Hanovre offre une qualité de vie. Le réseau de métro et de tramways est exemplaire, les distances dans cette grande ville conçue pour les cyclistes sont relativement courtes et les loyers sont beaucoup moins élevés qu'à Hambourg ou Munich. Que souhaiter de plus? Six théâtres, des musées très renommés, de nombreux concerts, quatre universités, une culture cinématographique exceptionnelle, un aéroport international, un hypodrome et un zoo, un marché aux puces très apprécié sur les rives de la Leine, des oeuvres d'art exposées dans les rues, une vieille ville et la plus grande Fête des Tireurs du monde. A Hanovre, chacun trouve son bonheur.

Hanovre est une ville verte. Les espaces verts constituent 50% du territoire urbain. Le parc de Eilenriede, le Maschsee avec les prés de la Leine et les jardins de Herrenhausen forment une ceinture verte qui pénètre jusqu'au centre ville. Avec tous ses espaces verts, Hanovre est unique en son genre. Les sites naturels et urbains ne sont dans aucune autre grande ville allemande si proches l'un de l'autre. Les autorités municipales sont fières des 20000 petits jardins que compte la ville et qui, dans notre environnement détruit par les automobiles, sont exemplaires. Tout ceci fait que la ville sur les rives de la Leine offre une vie urbaine de qualité très appréciée de ses habitants. La «ville comme jardin» sera un des thèmes de l'Exposition Universelle en l'an 2000.

Le premier salon allemand de l'exportation a eu lieu à Hanovre en 1947. Aujourd'hui, Hanovre est le site d'exposition le plus connu avec les plus grands salons économiques mondiaux comme la CeBIT, salon de l'informatique, et la INDUSTRIE MESSE. En 1990, la ville spécialisée dans les salons et les foires, a été choisie comme site de l'Exposition Universelle EXPO 2000. Le troisième millénaire commencera donc à Hanovre. Il s'agit d'une Exposition Universelle de type nouveau ayant pour thème «Homme– Nature–Technique» et qui posera des jalons pour le prochain millénaire. Sera-t-on apte à donner de nouvelles impulsions afin de résoudre les problèmes globaux urgents? Un défi qui ne concerne pas uniquement les Hanovriens!

Seit der ersten Export-messe 1947 hat sich Han-nover zu einem weltweit füh-renden Messestandort entwik-kelt. Die beiden größten Wirt-schaftsmessen, INDUSTRIE und CeBIT finden hier statt. Über-ragt wird das Gelände, das erweitert auch die Welt-ausstellung EXPO 2000 beher-bergen wird, von der kühnen Tragwerkkonstruktion des Ta-gungs-Centrums mit dem Her-meskopf, dem Symbol der **Hannover-Messe.**

The first Export Fair was held in Hanover in 1947, since when it has developed into one of the world's leading cities for trade exhibitions and fairs. The two largest indu-strial and commercial fairs in the world take place here, INDUSTRIE and CeBIT. Tower-ing above the exhibition grounds, which will be en-larged to host the EXPO 2000, is the Congress Centre with the head of Hermes, the emblem of the **Hanover Fair.**

Depuis le premier salon de l'exportation en 1947, Hanovre est devenue un lieu d'expositions reconnu dans le monde entier. C'est ici qu'ont lieu les deux salons industriels les plus importants, INDUSTRIE et CeBIT. Le site d'exposition, qui sera encore élargi pour les besoins de l'Exposition Univer-selle EXPO 2000, est surplombé par la structure audacieuse du bâtiment du Centre de Congrès avec, à son faîte, la tête d'Her-mès, emblème de la **Foire de Hanovre.**

◀ Die drei knallbunten „Nanas" von Niki de Saint Phalle beendeten 1974 aufgrund von Bürgerprotesten das „Experiment Straßenkunst". Heute sind die prallen Frauenfiguren ein beliebtes Wahrzeichen der Leinestadt. An jedem Samstag stehen die Kunstwerke im Mittelpunkt des größten Flohmarkts Norddeutschlands.

◀ In 1974 the three boldly coloured "Nanas" from Niki de Saint Phalle excited public protests and saw the end of an experimental street art programme. Today, the buxom trio are loveable identities of the city on the river Leine. Every Saturday these figures watch over the largest flea market in Northern Germany.

◀ Les trois «Nanas» très bariolées réalisées par Niki de Saint Phalle ont été les dernières expériences du mouvement «Art dans la rue» qui prit fin en 1974 après que les citoyens aient manifesté leur mécontentement. Aujourd'hui, ces sculptures de femmes rondelettes sont un des emblèmes les plus appréciés de la ville. Tous les samedis, ces œuvres d'art trônent au beau milieu du plus grand marché aux puces du Nord de l'Allemagne.

◥ Neun international renommierte Designer haben neun außergewöhnliche „Busstops" entworfen und beweisen unübersehbar: Hannover ist einen Zwischenstopp wert. Die hier gezeigten Haltestellen sind die von Alexandro Mendini am Steintor, von Frank. O. Gehry am Braunschweiger Platz und der Busstop am Friedrichswall von Massimo Iosa Ghini.

◥ Nine internationally renowned architects designed nine extraordinary "Bus-Stops" that prove Hanover is worth a stopover. The bus-stops shown here are from Alexandro Mendini at Steintor, Frank O. Gehry's stands on Braunschweiger Platz and the bus stop from Massimo Iosa Ghini is at Friedrichswall.

◥ Neuf designers de renommée internationale ont élaboré neuf «Busstops» sortant de l'ordinaire et qui nous prouvent une chose: Hanovre vaut la peine que l'on s'y arrête. Les arrêts de bus que vous pouvez voir ici sont ceux d'Alexandro Mendini (à Steintor), de Frank. O. Gehry (à la Braunschweiger Platz) et de Massimo Iosa Ghini (à Friedrichswall).

12

13

← Von der 1347 als dreischiffige gotische Hallenkirche errichteten **Aegidienkirche** stehen seit den Bombennächten von 1943 nur noch die Außenmauern. Heute mahnt die Ruine im Gedenken für die Opfer aus zwei Weltkriegen.

← The gothic **Aegidienkirche** (the Church of Saint Giles) was originally built in 1347 with three naves but, following the bombings in 1943, only the exterior walls still remain. Today the ruins stand as a memorial to the victims of two world wars.

← Les bombardements de 1943 n'ont épargné que les murs extérieurs de la **Aegidienkirche**, une église gothique à trois nefs érigée en 1347. Aujourd'hui, les ruines rappellent le souvenir des victimes de deux guerres mondiales.

↖ Die Fachwerkhäuser in der Burg- und Kramerstraße und am Holzmarkt in der **Altstadt** gehören zu den wenigen Bauten des mittelalterlichen Stadtzentrums, die der Krieg verschont hat. Einige der Häuser wurden an verschiedenen Standorten zerlegt und hier wieder aufgebaut. Das älteste Haus Hannovers, Burgstraße Nr. 12, stammt aus dem Jahre 1566.

↖ The half-timbered houses of the **Old Town** in Burg Street, Kramer Street and on the Holzmarkt belong to the few medieval buildings in the city centre that survived the war. Some of the houses came from other locations, were dismantled and rebuilt here. Hanover's oldest house, No. 12 Burg Street, is from 1566.

↖ Situées dans la **Vieille Ville**, les maisons à colombage de la Burgstraße, de la Kramerstraße et du Holzmarkt font partie des derniers bâtiments du centre historique du moyen âge qui ont été épargnés durant la guerre. Certaines de ces maisons ont été démontées puis reconstruites ici. La plus ancienne maison de Hanovre, construite en 1566, se trouve au numéro 12 de la Burgstraße.

Mit historisierenden Formen und aufwendigen Mauerwerkdetails paßt sich die 1891 erbaute **Rathausapotheke** dem Alten Rathaus an und rahmt mit diesem den mächtigen 98 Meter hohen Turm der Marktkirche ein.

The historical style and splendid masonary of the **Town-Hall's municipal dispensary** built in 1891 is well matched to the Old Town Hall which frames the 98 metre tower of the Marktkirche (Market Church).

Avec de nombreux détails de maçonnerie et des formes lui donnant son authenticité, la **pharmacie de l'Hôtel de ville**, érigée en 1891, est en harmonie avec l'ancien Hôtel de ville. Ces deux bâtiments délimitent la Marktkirche dont le faîte est à 98 mètres.

Die reich geschmückten Treppengiebel des **Alten Rathauses**, im 15. Jahrhundert im Stil der Backsteingotik errichtet, zeugen von Zeiten städtischen Selbstbewußtseins und Wohlstands.

Die **Marktkirche** im 14. Jahrhundert wurde als dreischiffige gotische Hallenkirche über einer romanischen Kirche gebaut. Mit dem puristischen Wiederaufbau des im Krieg stark zerstörten Gotteshauses wurde auch das schlichte Backsteinmauerwerk der Innenwände und Pfeiler freigelegt.

The lavishly decorated stepped gable ends of the red-brick Gothic **Old Town Hall** built in the 15th century bear witness to town pride and affluence.

The **Marktkirche** was built in the 14th century as a triple-naved Gothic hall church over a romanesque church. During the puristic reconstruction of the war-damaged church, the simple red-brick masonary of the interior walls and pillars was also laid bare.

Le très bel échelonnement de pignons de l'**ancien Hôtel de ville**, bâtiment en briques de style gothique construit au 15ème siècle, témoigne de la prospérité et de la superbe des habitants de l'époque.

La **Marktkirche** est une église gothique à trois nefs du 14ème siècle construite sur les fondations d'une église romane. Lors de la reconstruction minutieuse de cette église qui fut fort endommagée durant la guerre, les austères ouvrages de maçonnerie en brique des parois intérieures du bâtiment ainsi que les pilastres ont été dégagés.

Die **DG-Bank** am Rasch-platz, entworfen von den Architekten Böge/Lindner, ist mit ihrem sichelförmigen Bau-körper eines der dynamischsten Beispiele moderner Architektur in Hannover.

The **DG-Bank** on Rasch-platz was designed by the architects Böge and Lindner. The sickel-like form is just one example of dynamic modern architecture in Hanover.

Avec sa forme rappelant un croissant, la **DG/Bank** de la Raschplatz, conçue par les architectes Böge et Lindner, est l'un des exemples les plus vivants de l'architecture moderne mise en œuvre à Hanovre.

Die **Galerie Luise** zwischen Luisen- und Theaterstraße ist die größte Ladenpassage in Han-nover.

The **Galerie Luise**, to be found between Luisen- and Theater-strasse, is the largest shopping arcade in Hanover.

La **Galerie Luise** entre la Lui-senstraße et la Theaterstraße est la galerie commerçante la plus importante de Hanovre.

Das **Kröpcke** ist nach wie vor Stadtmittelpunkt Hannovers. Seit 1869 wird hier Kaffee und Kuchen serviert. Ursprünglich be-nannt nach einem „Café Kröpcke", bietet es bis heute gute Gastrono-mie. Die traditionelle Kröpcke-Uhr ist ein beliebter Treffpunkt.

Kröpcke continues to be the heart of the city. Cakes and cof-fee have been served here since 1869. It was originally named after a "Café Kröpcke" and excellent gas-tronomy is still found here today. The traditional Kröpcke clock is a popular rendezvous point.

Kröpcke est toujours le centre névralgique de Hanovre. De-puis 1869, il est possible d'y déguster un morceau de gâteau en buvant une tasse de café. Ce lieu fut baptisé d'après le «Café Kröpcke» qui pro-pose aujourd'hui encore une carte raffinée. La célèbre horloge de Kröpcke est un lieu de rencontre très prisé.

⬆ Begegnung mit unseren Vorfahren im Urwaldhaus des **Hannoverschen Zoos** an der Eilenriede. In diversen Häusern, Freianlagen mit „Streichelwiese" und einer Vogelvolière sind über 1200 Tierexoten von 200 Arten zu besichtigen.

⬆ Encounter with our forefathers in the jungle house at **Hanover Zoo** near the Eilenriede Park. The zoo boasts over 1200 animals from 200 species, several aviaries and an area where children can stroke free-roaming animals.

⬆ Rencontre avec nos ancêtres dans la maison des primates du **zoo de Hanovre** près de la forêt de Eilenriede. Avec ses différentes bâtisses, ses enclos en plein air où il est possible de caresser les animaux et sa volière, ce sont plus de 1200 animaux exotiques représentant quelque 200 espèces qui sont montrés aux visiteurs.

◤ Seit 1529 wird in Hannover das **Schützenfest** gefeiert. Heute ist es weltweit das größte und zieht mit seinem **Schützenausmarsch**, an dem zehntausend Schützen, zahllose Kapellen und Festwagen und Folkloregruppen aus aller Welt teilnehmen, alljährlich hunderttausende Besucher an.

◤ Hanover has celebrated the **Schützenfest**, the Marksmen's Fair, each July since 1529. Today it is the world's largest. The **Markmen's Parade** of 10,000 participants, countless floats, folkloric groups and musicians draws hundred of thousands of visitors each year.

◤ A Hanovre, on célèbre la **Fête des Tireurs** depuis 1529. Aujourd'hui, c'est la plus grande manifestation de ce type dans le monde et, chaque année, la **parade des tireurs** qui se compose d'une dizaine de milliers de tireurs, de nombreuses fanfares, de chars décorés et de groupes folkloriques du monde entier attire des centaines de milliers de visiteurs.

◀ Während des Schützenfestes wird ein besonderes Trinkritual gepflegt, die **Lüttje Lage**. Das uralte Brauchtum erfordert Geschicklichkeit und Standvermögen.

◀ **Lüttje Lage**, a very old drinking ritual of beer and schnaps peculiar to Hanover, requires skill and a steady hand.

◀ Le **Lüttje Lage** est la boisson traditionnellement servie durant la Fête des Tireurs. Pour pratiquer cette coutume très ancienne, il est indispensable d'être adroit et de savoir garder l'équilibre.

↑ Das **Welfen-Mausoleum** im Berggarten wurde 1841, nach dem Tode von Königin Friederike, nach Plänen des Architekten Laves errichtet.

↗ Blick durch das **Goldene Tor** auf das Galeriegebäude, das neben der Orangerie als einziges Gebäude des Herrenhäuser Schlosses den Zweiten Weltkrieg überstand.
Die **Illumination** der Lichterfeste (Feuerwerk, Musik und Wasserspiele) im Großen Garten von Herrenhausen sind ein besonderes Kunsterereignis.

← Aus der Luft ist die Pracht und das Spiel der Geometrie des 1699 vollendeten **Großen Gartens** besonders gut zu erkennen. Mit der Orangerie ist er das Herzstück der fünf **Herrenhäuser Gärten** und gilt als besterhaltener Barockgarten Europas.

↑ The **Mausoleum** of the Guelphs dynasty in the Berggarten was built in 1841 by the architect G. L. Laves after the death of Queen Friederike.

↗ A glimpse through the **Golden Gate** gives a view of the Gallery which, along with the Orangery, was the only building of the Herrenhäuser Palace to have survived the Second World War.
The **Illuminations** and Festival of Light (fireworks, baroque music with illuminated sculptures and fountains) staged in the Great Garden are a cultural experience not to be missed.

← A bird's-eye view best shows the splendour and precise geometry of the **Great Garden** of Herrenhausen which was completed in 1699. Along with the Orangery it is the heart of the five **Herrenhäuser Gardens** and it is considered to be the best preserved baroque garden in Europe.

↑ Le **Mausolée des Guelfes** du Berggarten a été construit par l'architecte Laves en 1841 après le décès de la Reine Frédérique.

↗ La **Porte dorée** donne sur la Galerie, le seul bâtiment du Château de Herrenhausen – l'Orangerie mise à part – qui ait été épargné lors de la seconde Guerre mondiale.
Les **illuminations** du spectacle Sons et Lumière (feux d'artifice, musique et jets d'eau) du Grand Jardin de Herrenhausen sont un événement artistique à ne pas manquer.

← Avec une vue aérienne, la splendeur et les jeux géométriques du **Grand Jardin**, terminé en 1699, sautent aux yeux. Avec l'Orangerie, il est l'ornement principal des cinq **Jardins de Herrenhausen**. C'est le jardin d'ornement baroque le mieux conservé d'Europe.

🔺 Der Große Garten ist zu allen Jahreszeiten reizvoll. **Pavillons** markieren die Knickpunkte der Wassergräben (Graft), welche die fast rechtwinklige Gartenanlage begrenzen.

🔺 The Great Garden is attractive in all seasons. **Pavilions** decorate the corners of the Dutch-style moat (Graft) bordering the garden.

🔺 Le Grand Jardin est resplendissant à toute époque de l'année. Des **pavillons** marquent les directions prises par les fossés remplis d'eau (cf. «graft» néerlandais) qui se situent presque aux quatre coins du jardin d'ornement.

⬆️ Der „**Borghesische Fechter**" im Heckentheater. 17 der ursprünglich 25 lebensgroßen, vergoldeten Bleifiguren aus dem Jahre 1689 sind noch erhalten.

⬆️ The "**Borghesian Fencer**" in the sylvan theatre (Heckentheater). 17 of the 25 original life-size, gilded lead figures dating from 1689 have survived.

⬆️ L'**Escrimeur de Borghèse** dans le théâtre de verdure. 17 des 25 statues en plomb doré, réalisées en grandeur réelle en 1689, ont été conservées.

➡️ 1692 wurde die Bühne des Gartentheaters im Großen Garten zum ersten Mal bespielt. Das älteste europäische **Heckentheater** ist auch heute noch Schauplatz von erstklassigen Theater- und Ballettaufführungen und bietet fast 1000 Zuschauern Platz.

➡️ 1692 saw the first stage performance in the garden theatre. It is the oldest theatre of its kind in Europe and first class plays and ballet are still performed here. It can now hold an audience of up to a thousand.

➡️ Le théâtre du Grand Jardin a été inauguré en 1692. Le plus ancien **théâtre de verdure** d'Europe propose aujourd'hui encore des représentations théâtrales et chorégraphiques de premier ordre et peut accueillir près de 1000 spectateurs.

Die Fassade des im 2. Weltkrieg zerstörten **Leibnizhauses** wurde 1983 originalgetreu wiederaufgebaut. Der Universalgelehrte Gottfried Wilhelm Leibniz lebte in diesem barocken Bürgerhaus bis zu seinem Tod 1716. Heute sind hier ausländische Gastwissenschaftler untergebracht.

The original facade of the ornate **Leibniz House** was faithfully rebuilt in 1983. The universal genius, Gottfried Wilhelm Leibniz, lived in this baroque town house until his death in 1716. Today it houses visiting scientists.

La façade de la **Maison de Leibniz**, entièrement détruite durant la guerre, a été fidèlement reconstituée en 1983. Gottfried Wilhelm Leibniz, philosophe et mathématicien, a vécu dans cette maison bourgeoise de style baroque jusqu'à sa mort en 1716. Aujourd'hui, ce sont les scientifiques étrangers invités à Hanovre qui y sont logés.

1852 wurde das **Opernhaus** als größtes Theater seiner Zeit eingeweiht und faßte damals 1800 Zuschauer. Nach Plänen des Königlichen Hofarchitekten G. Laves ist es im klassizistischen Stil errichtet. 1950 wurde das stark zerstörte Bühnenhaus wiederaufgebaut und bietet 1200 Besuchern ein anspruchsvolles Programm. Aus dem Ballettübungsraum blickt man über die Georgstraße.

When opened, the **Opera House** was the largest theatre of its time and could hold an audience of 1800 people. The royal architect, G. Laves, designed it in neoclassical style. The badly damaged theatre house was rebuilt in 1950 and today offers seating for 1200 and performances of high standard. The ballet rehearsal room overlooks Georgstrasse.

L'**Opéra**, la plus grande salle de théâtre de l'époque, a été inauguré en 1852 et pouvait accueillir 1800 spectateurs. Selon les plans de G. Laves, architecte de la Cour, il s'agit d'un bâtiment de style classique. L'Opéra, fort endommagé durant la guerre, a été reconstruit en 1950 et quelque 1200 spectateurs peuvent assister à des spectacles attrayants. Un coup d'œil sur la Georgstraße depuis la salle de répétition des ballets.

← Die 1914 erbaute **Stadt-halle**, Hannovers Kongreßzentrum, wird von einer 42 Meter hohen Kuppel überspannt. Karajan zählte den 3600 Menschen fassenden Kuppelsaal zu den besten Konzertsälen Deutschlands.

← The **Stadthalle**, with its 42 metre high dome, was built in 1914. It is Hanover's congress and cultural centre. Karajan regarded the 3600 capacity hall as one of the best concert halls in Germany.

← La **Stadthalle**, le Centre de Congrès de Hanovre construit en 1914, est surplombée par une coupole de 42 mètres de haut. Herbert von Karajan était d'avis que la Salle de la Coupole, qui peut accueillir 3600 personnes, est l'une des meilleures salles de concert d'Allemagne.

← Seit über 40 Jahren ist das **Niedersachsen-Stadion**, errichtet auf dem Trümmerschutt des Krieges, Schauplatz sportlicher Großveranstaltungen.

← The **Lower Saxony stadium**, built on the rubble left from the war, has been the setting for major sporting events for over 40 years.

← Construit sur les ruines de la guerre, le **Stade sportif de Basse-Saxe** est depuis plus de 40 ans le théâtre d'importantes manifestations sportives.

↑ Seit einem Jahrzehnt füllen auch die Superstars des internationalen Showgeschäfts (hier die Rolling Stones) die Stadionränge. Hannover ist bei Open-Air-Konzerten führend in Deutschland.

↑ Over the past decade international superstars (pictured here are the Rolling Stones) have also given performances here. Hanover is the leading German city for open-air concerts.

↑ Depuis dix ans environ, les stars du show-biz le remplissent également (ici: les Rolling Stones). Hanovre est une des premières villes d'Allemagne où l'on organise des concerts en plein air.

Der **Südschnellweg** durchschneidet hier die Ricklinger Teiche und die Leinemasch, eine der grünen Zungen, die bis in die Innenstadt hineinreichen.

The **Südschnellweg** cuts through the Ricklinger Teiche (ponds) and the Leine marshes, one of the "green tongues" that reach as far as the city centre.

Le **Südschnellweg** coupe au travers des Ricklinger Teiche et du Leinemasch, l'un des «poumons verts» de Hanovre qui pénètre jusqu'au centre-ville.

Die internationalen Renntage auf der hannoverschen **Neuen Bult** in Langenhagen gehören zu den Pferdesport-Highlights im Pferdeland Niedersachsen.

The international race days at the **Neue Bult** in Langenhagen rate as equestrian highlights of the horse region Lower Saxony.

Les prix internationaux qui se disputent à l'hippodrome du **Neue Bult** à Langenhagen font partie des événements hippiques à ne pas manquer. Le Land de Basse-Saxe est connu dans le monde entier pour ses chevaux.

Als Beispiel der zahlreichen traditionellen Dörfer des Umlandes ist hier das Dorf Altenhorst in Hannover-Langenhagen gezeigt.

The village of Altenhorst in Hanover-Langenhagen is one example of many traditional villages in the surrounding countryside.

Le village de Altenhorst (Hanovre-Langenhagen) est l'exemple type du petit village traditionnel comme il en existe beaucoup aux alentours de Hanovre.

Die „**Regenschirmfiguren**" von Ulrike Enders in der Georgstraße sind nur eine von vielen Kunstexponaten des Straßenkunstprogramms Hannovers.

The **"Umbrella People"** by Ulrike Enders in the Georgstrasse are just some of the art objects from Hanover's street-art programme.

Dans la Georgstraße, le «**Couple au parapluie**» de Ulrike Enders ne sont que deux des nombreuses œuvres d'art exposées dans les rues de Hanovre.

⬆ Nur der Portikus des 1817–42 von Laves im klassizistischen Stil umgebauten **Leineschlosses** überlebte den Bombenhagel von 1943. Ursprünglich stand hier ein Kloster, das im 17. Jahrhundert in eine Residenz der Landesherren umgebaut wurde. Heute ist das nach dem Weltkrieg wieder aufgebaute Gebäude Sitz des **Niedersächsischen Landtags**.

⬆ Only the classical portico of the Leine Palace built in 1817–42 by Laves, survived the bombardment in 1943. A monastery originally stood here until it was converted into a residence for the sovereigns of the country in the 17th century. Having been reconstructed after the war, it is now the seat of **Lower Saxony's State Parliament**.

⬆ Seul le portail du Château „**Leineschloß**", édifice de style classique construit entre 1817 et 1842 par Laves, a résisté aux terribles bombardements de 1943. Le monastère qui existait à l'origine a été transformé au 17ème siècle en résidence royale. Après la guerre, le bâtiment a été reconstruit et est maintenant le siège du **Landtag (diète) de Basse-Saxe**.

◀ Der Dachboden des **Wilhelm-Busch-Museums** im Georgengarten ist Besuchern nicht zugänglich. Das ehemalige „Palais" eines Reichsgrafen beherbergt nicht nur das Lebenswerk des berühmten Künstlers, sondern auch „Das Deutsche Museum für Karikatur und kritische Grafik".

◀ The attic of the **Wilhelm Busch Museum** in Georgengarten is not open to the public. The former palace of an earl not only houses the lifework of the famous artist and writer, Wilhelm Busch, but also the German "Museum of Caricature and Critical Drawing".

◀ Le grenier du **Musée Wilhelm Busch** dans le Georggarten n'est pas ouvert aux visiteurs. Cet ancien «palais» ayant appartenu à un comte n'abrite pas uniquement l'ensemble de l'œuvre du célèbre artiste: c'est également le «Musée de la Caricature et du Dessin satirique».

Blick über den **Maschsee** auf das **Neue Rathaus**, die Marktkirche und die Kreuzkirche. Am Nordufer die Fackelträgersäule und der „Hellebardier" von Calder.

A view across the **Maschsee** to the **New Town Hall**, the Marktkirche and the Kreuzkirche, the torch-bearer column and the "Hellebardier" from Calder stand on the north bank.

Au-delà du lac de **Maschsee**, on peut apercevoir le **nouvel Hôtel de ville**, la Marktkirche et la Kreuzkirche. Sur la rive nord, le pilier du porteur de flambeau et le hallebardier de Calder.

Besucher vermuten in dem 1913 von Kaiser Wilhelm II. eingeweihten Prunkbau das Schloß, aber es ist das **Neue Rathaus**, eine Mixtur von Spätgotik und Renaissance. Die Grundrisse sind Barockschlössern nachempfunden, die gewaltige Kuppel wird räumlich allerdings nicht genutzt. In der zentralen Eingangshalle, im Jugendstil entworfen, werden alljährlich die Bruchmeister des Schützenfestes vereidigt.

Many visitors assume that the magnificent building, opened by the Emperor Wilhelm II, is a palace. But it is actually the **New Town Hall**, a mixture of late gothic and renaissance styles. The groundplans are adapted from baroque palaces but the space under the colossal dome is not used. In the central entrance hall, designed in the style of early 1900, the masters of the breach are sworn in for the Schützenfest (Marksmen's Festival).

Les visiteurs supposent que ce bâtiment fastueux inauguré par l'Empereur Guillaume II en 1913 est un château. Il s'agit en fait du **nouvel Hôtel de ville**, un mélange de style gothique fleuri et de style Renaissance. L'ensemble s'inspire des châteaux baroques. L'énorme coupole n'est cependant pas utilisée. Chaque année, les «capitaines», de jeunes hommes chargés du bon déroulement de la Fête des Tireurs, prêtent serment dans l'entrée principale de style 1900.

← Der **Maschsee** wurde ↗
1934 bis 1936 als „Arbeits-
beschaffungsmaßnahme" in den
Überschwemmungsgebieten der
Leine angelegt. Der Binnensee ist
zu allen Jahreszeiten Hannovers
beliebteste Sport-, Promenier- und
Freizeitzone.

← As part of a "job creation ↗
programme" between
1934 and 1936, **Maschsee** was laid
out in the flood area of the river
Leine. The artificial lake is a popular
spot for sport and leisure or simply
for taking a stroll.

← Le lac de **Maschsee** est le ↗
résultat d'une «mesure de
mise au travail» mise en œuvre entre
1934 et 1936 dans les régions inon-
dées de la Leine. Tout au long de
l'année, le lac est le lieu de prédilec-
tion des sportifs et des promeneurs.

Das Opernhaus im Hinter- →
grund bildet den Abschluß der
Königstraße, die vom Baumeister
Laves als Hauptstraße der neuen
Ernst-August-Stadt jenseits der
Bahnlinie vorgesehen war. Heute
kreuzt hier der schnelle ICE.

The Opera House in the back- →
ground marks the end of
Königstrasse. Laves built the street
as the main road for the new Ernst-
August town on the far side of the
railway tracks. Today the rapid ICE
trains intersect here.

L'Opéra à l'arrière-plan se →
trouve au bout de la **Königstraße**. L'architecte Laves avait
prévu d'en faire la rue principale de
la nouvelle ville de Ernst August, de
l'autre côté de la ligne de chemin de
fer. C'est ici que passent aujourd'hui
les trains rapides ICE.

Das 1961 (um das alte Gebäude aus dem Jahre 1889) errichtete **Kestner-Museum** beherbergt vor allem ägyptische, antike und mittelalterliche Kunst und Kunstgewerbe.

Egyptian, classical antiquities and medieval artifacts are among the treasures housed in the **Kestner Museum** which was built in 1961 (around the original building dating from 1889).

Le **Musée Kestner** (autour de l'ancien bâtiment érigé en 1889) fut construit en 1961 et abrite surtout des oeuvres d'art égyptiennes, antiques et moyenâgeuses.

Das **Historische Museum** zeigt nicht nur Stadtgeschichte, Stadtmodelle und zahlreiche Sonderausstellungen zur Landesgeschichte, sondern auch die Staatskarossen der Könige von Hannover und England (Leihgaben von Ernst August Prinz von Hannover).

The **Historical Museum** displays not only town history, a town model and stages numerous special exhibitions, but also exhibits the state coaches of the kings of Hanover and England (on loan from Ernst August, Prince of Hanover).

Le **Musée d'Histoire** ne se contente pas de présenter l'historique, les maquettes de la ville ou encore de nombreuses expositions spécifiques à l'histoire du Land. Y sont également exposés les carosses des Rois de Hanovre et d'Angleterre (prêtés par Ernst August, Prince de Hanovre).

Das **Niedersächsische Landesmuseum** am Maschpark (1902 im Stil der Renaissance gebaut) vereint vier Museen unter einem Dach und präsentiert vor allem Urgeschichte, Völkerkunde, Naturkunde und Kunst.

The **State Museum of Lower Saxony** by the Maschpark (built in 1902 in renaissance style) incorporates four museums under one roof and presents predominantly prehistory, ethnology, natural history and art.

Le **Musée du Land de Basse-Saxe** près du Maschpark (construit en 1902, style Renaissance) regroupe quatre musées dont les thèmes principaux sont la préhistoire, l'ethnologie, les sciences naturelles et l'art.

Das **Sprengelmuseum am Maschsee** ist Hannovers Flaggschiff für moderne Kunst. Schwerpunkte sind Picasso, Klee, Ernst, die deutschen Expressionisten und das Lebenswerk des hannoverschen Dadaisten Kurt Schwitters.

Sprengel Museum at the Maschsee is Hanover's treasure of modern art. The focal points are works by Picasso, Klee and Ernst, the German expressionists and the life work of Hanover's Dadaist, Kurt Schwitters.

Le **Musée Sprengel près du Maschsee** est «LE» musée d'art moderne de la ville de Hanovre. On peut surtout y admirer des œuvres de Picasso, Klee, Ernst, des expressionistes allemands ainsi que l'ensemble de l'œuvre de Kurt Schwitters, le célèbre dadaïste hanovrien.

Hannovers bürgerliche Stadtviertel **Oststadt** und **List** grenzen an den Stadtpark **Eilenriede**. Heute ist dies eine vor allem bei Intellektuellen und Studenten sehr beliebte Wohngegend.

Hanover's middle-class suburbs **Oststadt** and **List** border on the outskirts of the **Eilenriede** city park. Today the area is a popular address particularly for intellectuals and students.

Oststadt et **List**, les quartiers bourgeois de Hanovre, sont en lisière de la forêt de **Eilenriede**. Aujourd'hui, ce sont surtout les intellectuels et les étudiants qui y habitent.

 Ein Schornsteinfegermeister auf seinem Dienstweg über den Dächern des traditionellen Arbeiterviertels **Linden**, das sich im 19. Jahrhundert zum „größten Industriedorf" Preußens entwickelt hatte.

 A chimney sweep makes his way across the roofs of the traditional working-class suburb of **Linden**. In the 19th century it had developed into Prussia's "largest industrial village".

 Un ramoneur «en déplacement» sur les toits des maisons de **Linden**, le quartier populaire qui s'est développé au 19ème siècle pour devenir le «plus grand village industriel» par excellence de Prusse.

Am Samstag und Dienstag ist Markttag auf dem **Lindener Markt**. Der langgestreckte Stadtplatz entstand um die Jahrhundertwende, noch bevor die Stadt Linden 1920 von der Stadt Hannover eingemeindet wurde.

Der nach einem Lindener Bürgermeister benannte **Lichtenbergplatz** mit seiner gewaltigen Kastanie ist einer der schönsten Plätze in Hannover. Der denkmalgeschützte Platz, 1894 bezogen, ist nicht – wie meist vermutet – rund, sondern quadratisch angelegt.

Der **Küchengarten-Pavillon** im Stadtfriedhof auf dem Lindener Berg stand einst im königlichen Küchengarten (heute Fössestraße). Im März ist der Belvedere-Pavillon von einem tiefblauen Teppich von Sternhyazinthen umrahmt.

Saturdays and Tuesdays are market days at **Lindener Markt**. The elongated town square originates from the turn of the century before Linden became part of Hanover in 1920.

Lichtenbergplatz with its gigantic chestnut tree is named after a mayor of Linden. The attractive square dating from 1894, is under a preservation order. It is actually square and not circular as many believe.

The **Küchengarten** (kitchen garden) **Pavilion** in the old town cemetery on Lindener Berg once stood in the royal kitchen garden (today the Fössestraße). In March the Belvedere pavilion is surrounded by a carpet of star-hyacinths.

Le samedi et le mardi sont les jours de marché sur le **Lindener Markt**. Cette place très allongée fut construite au début du siècle, avant 1920, date à laquelle la ville de Linden fut annexée à la commune de Hanovre.

Avec ses superbes châtaigners, la **Lichtenbergplatz**, qui doit son nom à un maire de Linden, est l'une des plus belles places de Hanovre. Elle est classée «Monument historique» (fut habitée pour la première fois en 1894) et n'est pas ronde, comme on le croit souvent, mais carrée.

Le **pavillon de Küchengarten** dans le cimetière municipal sur la colline Lindener Berg se trouvait autrefois dans les jardins royaux de Küchengarten (devenus aujourd'hui la Fössestraße). En mars, le pavillon du Belvédère est tapissé d'une couverture de jacinthes d'un bleu intense.

Mit dem Ballon über Ostdeutschland
Karl Johaentges / Martin Ahrends

Ein spektakulärer Blick aus der Ballonperspektive auf ein bislang unbekanntes Deutschland. Traditionsreiche Städte, idyllische Dörfer, verdreckte Industriereviere und grandiose Landschaften aus luftiger Höhe.
Hardcover, 190 Seiten mit über 145 Farbfotos.
ISBN 3-8003-0797-9, **KaJo bei Stürtz**
DM 29,80

Über Norddeutschland
Karl Johaentges / Jürgen Hogrefe

Norddeutschland in eindrucksvollen Fotos, aufgenommen aus Heißluftballon und Hubschrauber. Ob Wattenmeer oder Nordseeinseln, Harz oder Heide, Wasserschlösser oder Industriereviere, Dörfer oder Großstädte – aus der Vogelperspektive entfaltet sich der Reiz dieser Landschaften auf besondere Weise.
Hardcover, 156 Seiten mit über 120 Farbfotos.
ISBN 3-925544-15-1, **KaJo bei Stürtz**
DM 39,80

Bilder aus Hannover
Karl Johaentges / Goetz Buchholz

Ein lebendiges Portrait der niedersächsischen Landeshauptstadt mit ihrem versteckten Charme. Neben Stadtansichten und Architektur stehen vor allem die Menschen der Stadt im Vordergrund. Städtischer Alltag hautnah, mal grau, mal bunt und multikulturell.
Hardcover, 156 Seiten mit über 120 Farbfotos.
ISBN 3-8003-0882-7, **KaJo bei Stürtz**
DM 39,80

KaJo-Hannover-Archiv...

Karl Johaentges, hannoverscher Fotodesigner + Fotojournalist, hat sich nicht nur durch seine Reportagen und seine mit Fotobuchpreisen ausgezeichneten Reisebildbände einen Namen gemacht. Mit großformatigen Kalendern, Postkarten und Hannover-Bildbänden zeichnet er seit Jahren ein unverwechselbares Bild der niedersächsischen Landeshauptstadt. Auch seine herausragenden Luftbildbände „Mit dem Ballon über Ostdeutschland" und „Über Norddeutschland" präsentieren engagiert ein stimmungsvolles Bild des deutschen Nordens. In den Räumen der EXPO 2000-Gesellschaft sind 180 großformatige Farbbilder (Hannover und Norddeutschland) des Fotografen ausgestellt.

Im Laufe von 15 Arbeitsjahren als professioneller Fotograf hat Karl Johaentges ein umfangreiches Diaarchiv von Hannover und Norddeutschland aufgebaut:

> **Hannöverscher Alltag, Lifestyle, Food, Kultur, Straßenkunst, Museen, Baudenkmäler, moderne Architektur, Industrie, Wirtschaft, Messe, EXPO, Kronsberg, Luftaufnahmen Nordseeküste, Inseln, Wattenmeer, Luftaufnahmen Hannover, Niedersachsen**

KaJo-Hannover-Archiv

Lichtenbergplatz 1   **30449 Hannover**
Tel. (05 11) 4 56 20-0   **Fax (05 11) 45 43 79**

Bildmaterial zu seinen Reportagen und Länderthemen (USA, Neuseeland, Australien, Paris, Hongkong, China, Irland, Schottland und andere) sind zu bestellen über **LOOK/Die Agentur der Fotografen,** München, Telefon (0 89) 54 42 33-0, Telefax (0 89) 54 42 33-22.

	Stadtchronik	City Chronicle	Chronique de la ville
um 950	Beginn der Besiedlung am Leine-Übergang, Kreuzungspunkt des Handelsweges Nord/Süd mit dem Verkehrsweg Bremen/Hildesheim.	Beginning of settlement on the river Leine, junction of north-south trade routes and Bremen/Hildesheim roads.	Commencement de la colonisation des rives de la Leine, croisement stratégique de la route de commerce Nord/Sud avec la voie Brême/Hildesheim
1150	Zum ersten Mal die Erwähnung eines Marktes in Hannover *vicus hanovere.*	First mention of a market in Hanover, *vicus hanovere.*	Première mention d'un marché à Hanovre: le *«vicus hanovere».*
1189	Krieg zwischen Welfen und Staufer führt zur Zerstörung der Stadt Hannover durch Kaiser Heinrich VI., wird aber auch erstmals als „civitas" (Stadt) erwähnt. Neue Stadtplanung.	War between Guelphs and Staufer led to destruction of the town under Emperor Heinrich VI. Hanover is first recorded as "civitas" (city). New town plan.	Destruction de Hanovre par l'empereur Henri VI à cause de la guerre entre les guelfes et les gibelins. Elle est pour la première fois nommée «civitas» (ville). Nouvelle planification de la ville.
1241	Hannover erhält die Stadtrechte vom Landesherren Herzog Otto von Braunschweig bestätigt.	Hanover receives city rights from Duke Otto of Brunswick.	Confirmation de l'octroi des droits à la ville de Hanovre par le duc Otto de Brunswick.
1533	Die lutherische Reformation wird in Hannover eingeführt.	Introduction of Lutheran Reformation in Hanover.	Introduction de la réformation luthérienne à Hanovre.
1636	Hannover wird Residenzstadt und Hauptstadt des welfischen Fürstentums Calenberg.	Hanover becomes the residence of the Duke of Calenberg and capital of the Guelph dynasty.	Hanovre devient ville de résidence et capitale du Dûché guelfe de Calenberg.
1692	Herzog Ernst Albrecht von Calenberg wird Kurfürst, Beginn des Kurfürstentum Hannover.	Duke Ernst Albrecht of Calenberg becomes Prince-Elector, beginning of Electorate Hanover.	Le duc Ernst Albrecht de Calenberg est nommé Electeur, Hanovre devient un électorat.
1714 (bis 1837)	Hannoversch-englische Personalunion, Kurfürst Georg Ludwig besteigt als Georg I. den englischen Thron.	Personal union with England, Elector Georg Ludwig ascends the English throne as George I King of England.	Union anglo-hanovrienne, l'Electeur Georg Ludwig devient roi d'Angleterre et prend le nom de Georg I.
1803 und 1806	Französische Truppen besetzen Hannover.	French troops occupy Hanover.	Occupation de Hanovre par des troupes françaises.
1814	Nach dem Wiener Kongreß wird Hannover Königreich der Welfen. Die Stadt zählt etwa 33000 Menschen.	After the Congress of Vienna Hanover becomes a kingdom. Population reaches 33,000.	Après le congrès de Vienne, Hanovre devient Royaume des Guelfes. La ville compte environ 33 000 habitants.
1837	Ernst August wird nach Ende der Personalunion König von Hannover.	Ernst August becomes King of Hanover after the end of the personal union.	Après la fin de l'union, Ernst August devient roi de Hanovre.
1843	Eisenbahnstrecke Hannover-Lehrte wird eingerichtet. Mit dem Eisenbahnzeitalter gewinnt Hannover als Verkehrsknoten zunehmend Bedeutung.	The railway line Hanover-Lehrte is opened. Hanover gains increasing importance as an intersection in the age of railways.	La ligne de chemin de fer Hanovre-Lehrte est inaugurée. Hanovre devient point stratégique des moyens de communication.
1866	Preußen annektiert das Königreich Hannover, Hannover wird Hauptstadt der preußischen Provinz.	Prussia annexes the Kingdom of Hanover, Hanover becomes capital of the Prussian province.	Annection du royaume de Hanovre à la Prusse. Hanovre devient la capitale de la province prusse.
1913	Einweihung des Neuen Rathauses durch Kaiser Wilhelm II.	The New Town Hall is officially opened by Emperor Wilhelm II.	Inauguration du nouvel Hôtel de ville par l'empereur Guillaume II.
1920	Mit der Eingemeindung der Stadt Linden wächst Hannover auf über 400000 Einwohner.	With the incorporation of the town Linden, Hanover's population rises above 400,000.	Avec l'annexion de la ville de Linden à Hanovre, le nombre d'habitants s'élève à plus de 400000.
1938	Zerstörung der jüdischen Synagoge in der „Reichskristallnacht".	The Jewish Synagogue is destroyed during "Crystal Night".	Destruction de la synagogue durant la Nuit de cristal.
1939	Bei Kriegsausbruch hat Hannover 472527 Einwohner.	At the outbreak of war Hanover's population is 472,527.	Au début de la guerre, Hanovre compte 472527 habitants.
1943	90% der Innenstadt werden durch schwere Bombenangriffe zerstört.	90% of the inner city is destroyed by heavy bombing.	90% du centre-ville est détruit par des bombardements.
1945	Die Amerikaner und Engländer besetzen Hannover.	British and American troops occupy Hanover.	Occupation de Hanovre par les Américains et les Anglais.
1946	Hannover wird Hauptstadt des Landes Niedersachsen.	Hanover is made capital of the federal state of Lower Saxony.	Hanovre devient capitale de Basse-Saxe.
1947	Erste Exportmesse („Fischbrötchenmesse") und erste Städtepartnerschaft mit Bristol.	First Export Trade Fair ("fish roll fair"). First city partnership with Bristol.	Premier salon de l'exportation et premier partenariat avec la ville de Bristol.
1954	Erstmals überschreitet Hannover die 500000-Einwohner-Grenze.	Hanover's population rises above 500,000.	Pour la première fois, Hanovre compte plus de 500000 habitants.
1962	Landtag zieht in das wiederaufgebaute Leineschloß.	Parliament moves into rebuilt Leine Palace.	Le Landtag reprend ses activités dans le château de la Leine.
1969	„Rote-Punkt-Aktion", phantasievoller Massenprotest gegen Fahrpreiserhöhungen.	"Red-Spot-Campaign", major protest against increase in public transport fares.	«Action point rouge», manifestation pleine de phantaisie contre l'augmentation des prix des moyens de transport.
1990	Hannover erhält den Zuschlag für die Durchführung der Weltausstellung EXPO 2000 zum Thema „Mensch–Natur–Technik".	Hanover is selected to hold the world fair EXPO 2000 with the theme "Man–Nature–Technology".	Hanovre est nommée pour la réalisation de l'Exposition Universelle EXPO 2000 dont le thème s'intitule «Homme–Nature–Technique».

Stadt-Informationen

Touristen-Service

Hannover Tourist Information
Ernst-August-Platz 2 (neben dem Hauptbahnhof)
D-30159 Hannover
Telefon +49(0) 511/3014-20/21/22
Telefax +49(0) 511/3014-14
Hotelbuchungen, Infomaterial,
Stadtrundfahrten, Hannover-Card
geöffnet: Montag bis Freitag
9.00 bis 19.00 Uhr,
Samstag 9.30 bis 15.00 Uhr.
Touristen Info-Telefon: +49(0) 511/19433

Incoming und Congress Service
Theodor-Heuss-Platz 1–3
D-30175 Hannover
Telefon +49(0) 511/8113-520/523
Telefax +49(0) 511/8113-546
Tagungs- und Kongreßabwicklung
Transfers, Rahmenprogramme

Hotel- und Privatzimmerservice
im Hannover Congress Centrum
Telefon +49(0) 511/8113-500 (Hotline)
Telefax +49(0) 511/8113-541
Beachten Sie bitte, daß Zimmerbestellungen
verbindlich sind.

Tourismusverband HANNOVER REGION e.V.
Theodor-Heuss-Platz 1–3
D-30175 Hannover
Telefon +49(0) 511/8113-569
Telefax +49(0) 511/8113-549

Verkehrsverein Hannover e.V.
Theodor-Heuss-Platz 1–3
D-30175 Hannover
Telefon +49(0) 511/8113-533
Telefax +49(0) 511/8113-546
Hannover-Card, Veranstaltungen
Hannover-Vorschau, Adressen

Romanik-Agentur Niedersachsen
Tourismusverband Niedersachsen/Bremen e.V.
Vahrenwalder Straße 7
D-30165 Hannover
Telefon +49(0) 511/9357-250
Telefax +49(0) 511/9357-259
Information über Romanikrouten
in Niedersachsen

StattReisen Hannover
Hausmannstraße 9–10
30159 Hannover
Telefon +49(0) 511/16403-33
Telefax +49(0) 511/16403-91
Besondere Stadtrundgänge und
Tagesprogramme in Verbindung mit
Informationen über geschichtliche,
politische, kulturelle Hintergründe
Exkursionen auf Wunsch

Hannovers Museen

Historisches Museum
Am Hohen Ufer, Burgstraße
Telefon +49(0) 511/1684-3052
Stadtgeschichte, Landesgeschichte, Volkskunde

Landesmuseum
Willy-Brandt-Allee 5
Telefon +49(0) 511/9807-5
Landesgalerie, Geologie, Zoologie, Aquarium,
Botanik, Urgeschichte, Völkerkunde

Kestner-Museum
Trammplatz 3
Telefon +49(0) 511/1684-2730
Ägyptische und Antike Kunst,
Kunsthandwerk, Münzsammlung

Sprengel Museum
Kurt-Schwitters-Platz
Telefon +49(0) 511/1684-3875
Kunst des 20. Jahrhunderts

Wilhelm-Busch-Museum/
Deutsches Museum für Karikatur und
Kritische Grafik
Georgengarten 1
Telefon +49(0) 511/714076
Sonderausstellungen zur Karikatur und kritischen
Grafik, ständige Wilhelm-Busch-Ausstellung

Fürstenhaus Herrenhausen-Museum
Alte Herrenhäuser Straße 14
Telefon +49(0) 511/750947
Kunstwerke der königlich-hannoverschen/englischen
Epoche aus verschiedenen Schlössern der Welfen

Stadtbahnne

üstra GO! BUS + BAHN   Tram netwo
Réseau tran

Stand September 1999

* Haltestelle wird im Laufe
des Winterfahrplans 1999 / 2000 eingerich

	Stadtbahnlinie		Tram line		Ligne de tram
	Haltestelle		Stop		Arrêt
U	Tunnelstation	U	Station	U	Station
A	Aufzug	A	Lift	A	Ascenseur
i	Information	i	Information	i	Information
DB	Anschluß an Deutsche Bahn	DB	Interchange with DB	DB	Correspondance DB
	Krankenhaus / Klinik		Hospital		Hôpital
18	Messe Sonderlinie	18	Special service during exhebitions	18	Ligne spéciale pendant les foires

5 Stöcken

Garbsen

4

Weizenfeldstraße

6 Nordhafen

Auf der Horst / Marshof
Auf der Horst / Skorpiongasse
Friedhof Auf der Horst
Pascalstraße
Marienwerder / Wissenschaftspark
Jädekamp
Auf der Klappenburg
Lauckerthof

Hogrefestraße
Hemelingstraße
Stöcken / Friedhof
DB Leinhausen / Bahnhof
Münterstraße
Schaumburgstraße
Herrenhäuser Gärten

Fuhsestraße / Bhf.

Mecklenheidestraße
Beneckeallee
Friedenau
Krepenstraße
Chamissostraße
Bertramstraße
Fenskestraße
Nordstadt / Bf* DB
Strangriede
Kopernikusstraße
i A U
Christuskirche
i A U

Haltenhoffstraße
11

Parkhaus
Schneiderberg / W.-Busch-Museum
Universität
Königsworther Platz U

Steintor

Flug
Airpo
Aéro

Busli
Line
Ligne

City A
Term

ZOB

Glocksee / Bhf.

Clevertor
Goetheplatz
Glock-
see

Haupt-
bahnhof

Steintor
i A U

Kröpcke
i A U

Ehrhartstraße
Limmer / Schleuse
Harenberger Straße
Wunstorfer Straße
Ungerstraße
Leinaustraße
Küchengarten / Ihmezentrum

10

Ahlem

Humboldtstraße

Markthalle / Landtag U

Waterloo U

17

9   3, 7

Schwarzer Bär

Lindener Marktplatz
Nieschlagstraße
Bernh.-Caspar-Str.
Lindener Hafen
Bauweg
Körtingsdorfer Weg
Soltekamp
Badenstedt Denkmal
Safariweg
Empelde / Stadtgrenze

Krankenhaus Siloah
Stadionbrücke
Fischerhof / Fachhochschule DB
August-Holweg-Platz
Schünemannplatz
Beekestraße

Schlägerstra
Geibelstra
Altenbekener Dam
Döhrener
Fiedelers
Peiner S
Bothmers

17

Wallensteinstraße

Bartold -Knaust-Straße
Am Sauerwinkel
Mühlenberg U
Tresckowstraße

9

Empelde

7

3

Wettbergen

Dorfs

Am Brabrink

Laatzen / Werner-
Siemens-Pla

Laatzen / Eichstra